3つのステップで
すぐできる！

草花あそび・
しぜんあそび

6

# 水やこおりや
# 雪であそぼう

監修●露木和男　写真●キッチンミノル

ポプラ社

## は じ め に

　60年いじょう前、わたしが みなさんのように 小さかった ころ、虫を とったり、川に 魚を とりに いったり、野山で なかまたちと ぼうけんごっこを したり した ことを よく おぼえています。

　まわりには、しぜんが たくさん ありました。楽しかったなぁ。

　今、思い出しても なつかしくて しかたが ありません。

　それは、しぜんの 中で、心が いつも ときめいて いたからです。ワクワク して いたからです。ふしぎな せかい、おどろくような せかいに、自分が 入って いくような 気が して いました。

　この 本には、しぜんで あそぶ 楽しい ほうほうを たくさん しょうかいして います。この 本を さんこうに して、じっさいに みなさんも しぜんに ふれあい、しぜんの あそびを する ことが できるのです。

　そう、わたしの 小さい ころのように、みなさんも 楽しい あそびが できるのです。

さがして みる こと、はっけん する こと、よく 見る こと、作る こと、ためす こと、そして、あそぶ こと。

それは、みなさんの 中に ある 「いのち」 が かがやく ことなのです。

「うれしい じぶん」 に 出会う ことなのです。

元早稲田大学教育・総合科学学術院教授　露木和男

## 先生・保護者の方へ

　私は、子どもたちと接するうえで、子どもの感性を守りたい、と切に願っています。

　自然と切り離された子どもは、感性が摩耗していきます。自然が子どもを育てるという考え方は、私たち大人が思っている以上に大きな意味があるのです。

　レイチェル・カーソンの著作としても知られる「センス・オブ・ワンダー」という言葉があります。「神秘さや不思議さに目を見張る感性」というような意味をもつこの言葉は、これからの日本でくらす子どもの教育にとって、極めて重要な意味をもってくるような気がしています。子どもは、細やかな日本の自然のよさに気づくことで、しなやかに成長していきます。

　そうはいっても、身近には限られた自然しかない地域も少なくありません。その中で、子どもと自然をどう触れ合わせるのか、大人の側の悩みもあります。

　このような現状を考え、子どもが進んで自然に親しむ場をつくってみたい、という願いからこのシリーズは生まれました。昔から伝えられた遊びもあります。オリジナルの遊びもたくさんあります。これは面白いと思っていただける遊びをたくさん紹介しています。

　まずは子どもと遊んでみてください。そして、自然の素晴らしさ、ありがたさ、さらには子どもたちにそれを「伝える」ことの喜びを感じていただけたらうれしく思います。

元早稲田大学教育・総合科学学術院教授　露木和男

3つのステップで
すぐできる！
草花あそび・
しぜんあそび
6

# 水やこおりや雪であそぼう

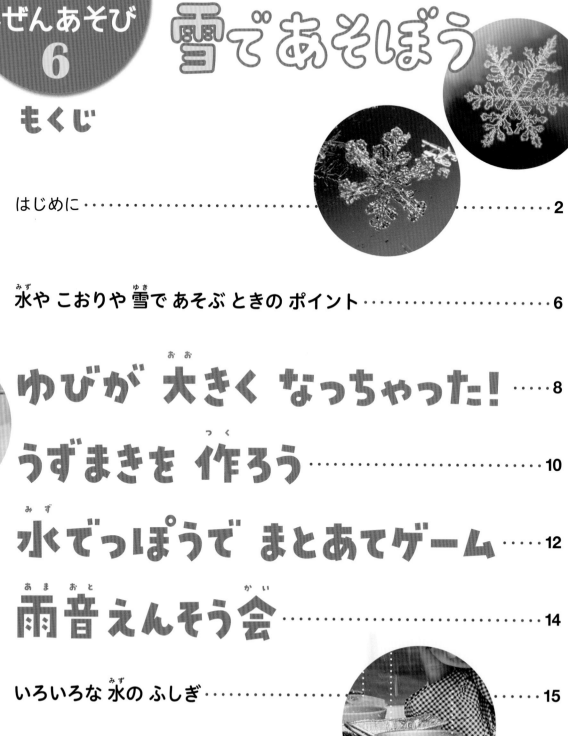

## もくじ

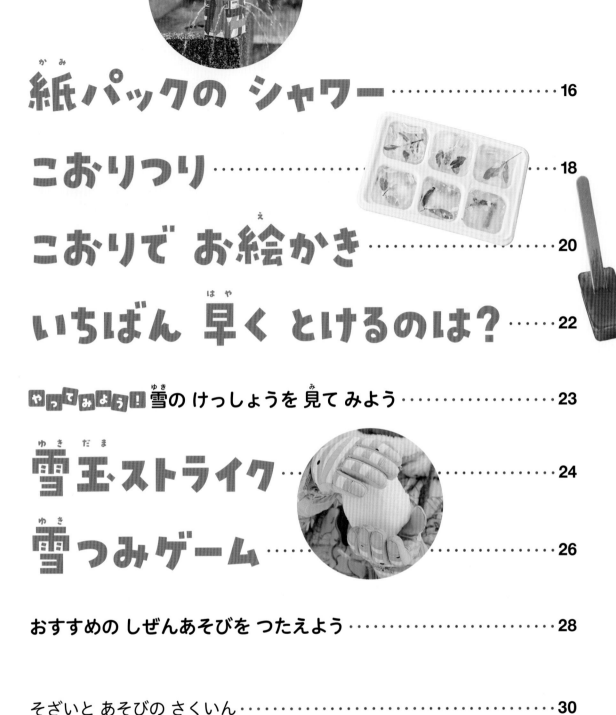

# 水や こおりや 雪で あそぶ ときの ポイント

水や こおりや 雪で あそぶ ときは、どんな 場所で、どんな ことに 気を つけると 楽しめるかな。
あそぶ ときの ポイントを しょうかいするよ。

## じゅんび

外で あそぶ ときは、うごきやすい ふくそうに します。
きおんに あわせた、ふくそうを するのも だいじです。

### はれの 日

水に ぬれても
いい ふくそうを
しましょう。
ぬれた ときの ために、
タオルや きがえが
あると あんしんです。
あつい 日は ぼうし、
のみものなども
じゅんびします。

### 雨の 日

雨の 日に 外で
あそぶ ときは、
雨がっぱを きたり、
長ぐつを はいたり
しましょう。
雨に ぬれた
ときの ために、
タオルも よういして
おきましょう。

### 雪の 日

雪あそびを する
ときは、あたたかい
ふくそうを
しましょう。
毛糸の ぼうしや、
手ぶくろも
あると、さむく
ありません。

## こんな 場所で あそぼう

公園や 学校の グラウンドなどの
ひろびろと した 場所は、水や 雪を
つかった あそびに もってこいだよ。

水で あそぶ ときは、公園や グラウンドなどの
水道を つかうのが いいでしょう。まわりに 人が
いないか かくにんしましょう。

こおりを 外で 作る ときは、まわりより
おんどが ひくい 日かげが おすすめです。

雪で あそぶ ときは、だんさが 少ない
公園や グラウンドで あそぼう。

雪が つもった 場所は、
だんさが あっても 気づきにくく きけんです。

雪の 日は 体が
ひえきらないように
ときどき へやの
中で 休もうね。

へやの 中で 水を つかった あそびを する
ときは、まわりに ぬれて こまる ものが
ないか、かくにんしよう。

きょうしつで あそぶ ときは、先生に
かくにんしてからに しましょう。
あたたかい へやでは、こおりは すぐに
とけて しまうので、ちゅういしましょう。

## ！気を つけよう

### ！あぶない 場所には 行かない
川や 池、人の いない ところなどは、大人と
いっしょに 行きましょう。

### ！水は 出しっぱなしに しない
つかいおわったら すぐに
じゃぐちを しめましょう。

### ！足元や 頭の 上に 気を つける
じめんが ぬれると すべりやすくなるので、気を
つけましょう。ぬれたら すぐに ふきましょう。
雪が たくさん ふった ときは、やねや 木から
おちてくる 雪に 気を つけましょう。

### ！家の 人に 言ってから 出かける
だれと、どこに 行くか、何時に 帰るか、
かならず 家の 人に つたえてから 出かけましょう。

### ！天気が わるい ときは、外に 出ない
雨や 雪が 強く ふって いる ときは、
外で あそぶのは やめましょう。

### ！まわりを よく 見る
水あそびや 雪あそびでは、まわりに 水や 雪が
とびちる ことが あります。まわりに 人が
いないか、ぬれて こまる ものが ないか、
よく かくにんしましょう。

# ゆびが 大きく なっちゃった！

水を 入れた 丸い コップに、ゆびを 入れると……あら、ふしぎ！
大きな ゆびに 大へんしんします。ゆびを コップの 中でうごかして
見えかたの ちがいを ためして みましょう。

ゆびが のび〜る！

コップの 後ろに 手を そえると
どう 見えるかな!?

太く なったよ！

**ステップ 1**
コップに
水を 入れる。

**ようい するもの**
● 水
● とうめいの 丸い
　コップ

**ステップ 2**
ゆびを コップの
水に 入れる。

**ステップ 3**

まよこから
見る。

コップに ゆびを
入れると、どう
見えるかな?

**もっと 楽しく♪**

いろいろな 入れもので
やって みよう!

でこぼこした コップや、
まん丸の 花びんなど、
ほかの 入れものでは
どんな ふうに
見えるかな?

ゆびが ふえた
みたい!

たてじまの コップ

目が こんなに
大きく なった!

まん丸の 花びん

9

# うずまきを 作ろう

うずが
できはじめたら
手を 止めて
いいよ!

ペットボトルを つかって、うずまきを 作りましょう。
大きな うずまきが できるように、回しかたを くふうして みて くださいね。

たつまき
みたい!

10

## ステップ 1

ペットボトルに
水を 入れる。

ペットボトルの
そこと、
そそぎ口の
近くを もとう

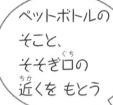

## ステップ 2

りょう手で ペットボトルを
もち、さかさまに する。

えいっ!

## ステップ 3

グルグル〜!

すぐに ペットボトルを
グルグルと 回す。
下の ほうは こていして、
上の ほうを 大きく 回すのが コツだよ。

もっと
楽しく♪

バケツでも うずまきを
作って みよう!

バケツに 水を 入れて、手で すばやく
グルグル かき回して みよう。
バケツの 中でも うずまきが できるよ!

11

# 水でっぽうで まとあてゲーム

いきおい よく 水が 出る
水でっぽうが、
ペットボトルで
かんたんに 作れます。
よーく ねらって、
まとに あてて みましょう！

**ステップ 1**

しっかり おさえて！

けがに 気をつけて つかおう！

**ペットボトルの
ふたの まんなかに、
めうちで あなを あける。**

カッターマットの 上で、
めうちを ふたの ま上から
ゆっくり さそう。
ふたが かたければ
大人に やって もらおう。

**ステップ 2**

**半紙に まとを かく。**
半紙に クレヨンで まとを かき、
セロハンテープで フェンスなどに
はろう。

半紙は うすく、水を かけると
すぐに やぶけるから、
まとに ぴったりです。なければ、
ほかの 紙でも いいですよ。

**ステップ 3**

**ペットボトルに
水を 入れ、
❶の ふたを
しめる。**

よういするもの
- 水（みず）
- 500 ミリリットルの ペットボトル（おすと へこみやすい、やわらかい ものが おすすめ）
- めうち
- カッターマット（ダンボールなど でも よい）
- 半紙（はんし）などの うすい 紙（かみ）
- クレヨン
- セロハンテープ

りょう手（て）で ペットボトルを ギュッと おして みよう

人（ひと）に 水（みず）が かからない 場所（ばしょ）で あそぼう！

# 雨音（あまおと）えんそう会（かい）

## ようするもの
- いろいろな
  入れもの（い）

アルミの さら、プラスチックの バケツ……。
いろいろな 入れもの（い）を ならべて、おちる
雨つぶの（あま）音に（おと）耳を（みみ）すまして みましょう。

🚩 雨の（あめ）日に（ひ）やって みよう

### ステップ **1**
雨の（あめ）日に（ひ）、木の（き）下（した）など
雨水が（あまみず）したたり
おちて くる
場所を（ばしょ）さがす。

木の（き）下（した）など、上から（うえ）
水が（みず）おちて くる ところを
見つけてね。（み）

> はっぱから
> しずくが
> たれて くるね

### ステップ **2**
雨水が（あまみず）おちて くる
場所に（ばしょ）入れものを（い）おく。

この下に（した）
おこう

### ステップ **3**

音の（おと）ちがいは
あるかな？

耳を（みみ）すます。

音が（おと）聞こえにくく（き）なったら、
入れものに（い）たまった 水を（みず）すてよう。

## もっと楽しく（たの）♪ かさの 音を（おと）聞こう（き）

かさに 雨が（あめ）あたる 音は（おと）
どんな 音かな？（おと）耳を（みみ）
すまして 聞いて（き）みよう。

# いろいろな 水の ふしぎ

水は あそぶだけで なく、まいにち
つかう ものでも ありますね。
そんな みぢかな 水の ふしぎを
しょうかいします。

水は
どんな ところに
あるかな?
さがして みよう!

## すがたを かえる 水の ひみつ

つめたい

水の おんどが、
0どより 下がると
こおりに なります。

あつい

水の おんどが、100 どくらいに
なると、すいじょうきに
かわるように なります。これを
「ふっとう」と いいます。

水は 目に 見えない ほどの つぶに なって、
空気の 中を ただよって います。
この 目に 見えない 水を「すいじょうき」と
いいます。
水は あたためられると、すいじょうきに
かわりやすく なります。はんたいに、
水は つめたく なると かたまり、こおりに
なります。
このように、水は おんどに よって すがたを
かえるのです。

## 雨は どこから 来るのかな?

空から ふる 雨は、
いったい どこから 来るのでしょう。
水は すべて、もともとは 海の 水です。
海の 水が 太陽の ねつで すいじょうきに なり、
その いちぶが 雲に なります。
雲の 中の 水や こおりの つぶが 雨に なって
ふって きます。

雨の 水は 海から
やって くるんだね!

15

# 紙パックの シャワー

紙パックで 作る、楽しい シャワーです。
あなの 場所によって 水の 出かたが かわりますよ。

🚩 はれた 日に おすすめ

あつい 日に
みんなで やる
のも いいね

## ステップ **1**

紙パックの
口を ひらき、
ビニールテープを
はって、かざる。

## ステップ **2**

紙パックに めうちで
あなを あける。

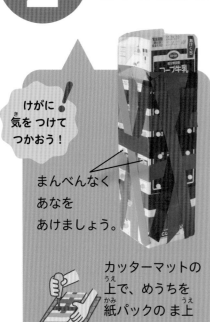

けがに
気を つけて
つかおう！

まんべんなく
あなを
あけましょう。

カッターマットの
上で、めうちを
紙パックの ま上
から ゆっくり
さしましょう。

## ステップ **3**

紙パックに
水を 入れる。

あけた あなから
シャワーのように
水が 出るよ。

ペットボトルなどで
水を 入れても いいよ。

##  もっと楽しく♪

### 高い ところに つるそう

紙パックに ひもを つけて、
高い ところに つるして みよう。
ホースを つかって 水を 入れると
本ものの シャワーみたいに なるよ。

紙パックを 高い ところに つるす
ときは、大人に やって もらおう。

ひも ── ホース

# こおりつり

こおりを 作る 時間は 入りません。

こおりに 糸を たらして、そーっと もちあげると、こおりが つれます。
いくつ つれるかな？　こおりつり名人を めざしましょう！

🚩 さむい日に おすすめ

つれたよー！

> カチカチに
> かたく こおった
> こおりの ほうが、
> よく つれるよ！

## もっと 楽しく♪

### こおりに ひとくふう！

せいひょうざらに はっぱや 木の 実などを
入れて、こおりに 色や もようを
つけるのも すてきだよ。

みどり！

赤！

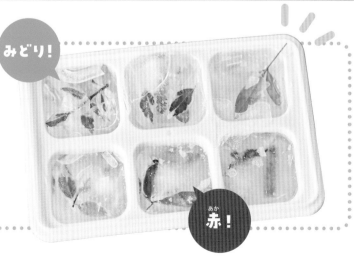

**よういするもの**
- 水(みず)
- せいひょうざら
- さら
- 糸(いと)
- しお

じゅんび　こおりを 作(つく)る。

冬(ふゆ)の さむい 夜(よる)に、せいひょうざらに 水(みず)を 入(い)れて 外(そと)に おくよ。朝(あさ)には こおりが できて いるよ。

こおりは れいとうこで 作(つく)っても いいですよ。

ステップ **1**　こおりを せいひょうざらから さらに 出(だ)す。

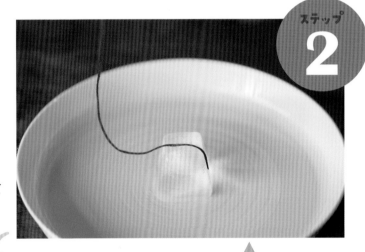

ステップ **2**

こおりに 糸(いと)を たらす。
糸(いと)は みじかめに 切(き)って おくと いいね。

糸(いと)を 水(みず)に ぬらして おくと つりやすく なりますよ。

30(びょう)くらい まってから 引(ひ)きあげると……

ステップ **3**

こおりと 糸(いと)に しおを かける。

パラ パラ

# こおりで お絵かき

かかる時間 15分くらい

こおりを 作る時間は 入りません。

アイスキャンディーのような、カラフルな こおりを 作って
紙の 上を すべらせると、きれいに 色が つきますよ。
じゆうに お絵かきして みましょう!

色が
まざっても
きれいだね!

## ステップ 1

紙コップなどにえのぐを出そう。

水を入れるよ。

グルグル

アイスのぼうでよくまぜよう。

紙コップなどの入れものに、色水を作る。

## よういするもの

- 水
- えのぐ
- 紙コップなどの入れもの
- せいひょうざら
- アイスのぼう（プラスチックの小さいスプーンやわりばしなどでもよい）
- さら
- キッチンペーパー
- 画用紙

いろんな色で作るといいね！

## ステップ 2

せいひょうざらに、色水とアイスのぼうをそっと入れる。

色水がまざらないようにしずかに入れよう。

こおりがとけないうちに、すばやく絵をかこう！

食べてはいけません

## ステップ 3

キッチンペーパーをしいたさらにおこう。

こおりになるまでひやしかためる

（→19ページ）。

こおりができたら、せいひょうざらをひねって、そっとさらにとり出そう。

21

# いちばん 早く とけるのは?

かかる時間
**15分** くらい

こおりを 作る 時間は 入りません。

**ようい するもの**
- 水
- せいひょうざら
- さら
- しお
- こむぎこ
- パンこ
- スプーン

こおりに しゅるいの ちがう こなを かけて、とける 早さの ちがいを しらべて みましょう。どれが いちばん 早く とけましたか?

**じゅんび** こおりを 作る

(→19ページ)。

しお　　　　こむぎこ　　　　パンこ

**ステップ 1**

こおりを さらに ならべる。

**ステップ 2**

しお
こむぎこ
パンこ

しお、こむぎこ、パンこを、スプーンで こおりに かける。

**ステップ 3**

こおりが とけるのを かんさつする。

しばらく たつと……

かける こなの しゅるいで、こおりの とける おんどが かわるから、とける 早さが ちがうんだね!

# やってみよう！
# 雪の けっしょうを 見て みよう

雪は、雲の 中で できた こおりの つぶから できます。これが すいじょうき（→15ページ）を
とりこんで「けっしょう」に なります。雪の けっしょうを よーく 見ると、
1つ1つが ちがう 形を して います。どんな 形を して いるか 見て みましょう。

## さまざまな 雪の 形

こおりの つぶは、もともと 六角形を して います。すいじょうきを とりこんで さまざまな すがたの けっしょうに なります。形は、おんどや 空気に ふくまれる 水の りょうで かわります。

## けっしょうの 見かた

空気が きれいな 場所で、きおんが ひくい ときに、
きれいな けっしょうが よく 見られます。

### よういするもの
● 黒い フェルト（ダンボールなどに はると よい）
● 虫めがね

## 1 雪を フェルトで うける。

ふって きた 雪を フェルトで
そっと うけよう。

## 2 虫めがねで 雪を 見る。

雪の けっしょう

雪に 虫めがねを 近づけて
見て みよう。どんな 形を
して いるかな？

けっしょうが
とけない うちに
すばやく 見よう！

# 雪玉ストライク

かかる時間 **20**分 くらい

つもった 雪を つかって、まとあてゲームに ちょうせんです！
雪玉を たくさん 作って、まとを ねらいましょう。
まとごとに とく点を きめても いいですよ。

🚩 雪の 日に やって みよう

## ステップ 1 雪を あつめて 雪の 山を 作る。

スコップを つかって、雪を あつめよう。

雪を 高く つんだら、手で おして、かためよう。

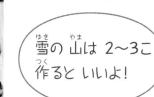

雪の 山は 2〜3こ 作ると いいよ！

まとを ねらって 雪玉を なげよう！

## ステップ 2

雪の 山に まとを つける。
雪の 山の いろいろな ところに
バケツを おいたり、ペットボトルや
木の えだを さしたり しよう。

## ステップ 3 雪玉を いくつか 作る。

りょう手いっぱいに 雪を すくおう。

おにぎりを にぎるように 雪を にぎって、丸く かためよう。

24

ボコッ!

雪玉は さいしょに
まとめて
作って おこう!

もっと
楽しく♪
大きな 山に して みよう!

あたった〜!

大きな 雪の 山の、
いろいろな いちに
まとを 作るよ。
高い ところと、ひくい ところ、
どちらが あてやすいかな!?

25

# 雪つみゲーム

かかる時間
**20**分
くらい

バケツに 雪を つめてから 出すと、バケツの 形に 雪が かたまります。
このように して 作った 雪の かたまりを、どこまで 高く つみかさねられるでしょうか。
時間を きめて、友だちと やって みると 楽しいですよ。

🚩 雪の 日に やって みよう

## ステップ 1

### 入れものに 雪を つめる。

スコップで 雪を すくって、
バケツに 入れよう。
いっぱいに なったら、
手で おして、かためよう。

ギュッギュッ

## ステップ 2

### 入れものを もち、さかさまにして 雪を 出す。

雪の かたまりを
そっと 出そう。

どこまで 高く
つめるかな!?

## ステップ 3

入れものを そーっと
はずすのが
コツだよ!

### 雪の かたまりを つんでいく。

いろいろな 入れものに 雪を
つめて かたまりにし、❷の
上に おく。たおれないように
いくつも つんで いこう。

そーっと…

26

27

# おすすめの しぜんあそびを つたえよう

しぜんの ものを つかって、どんな あそびが できましたか？
お気に入りの あそびを、「しぜんあそび おすすめカード」に
まとめて、みんなで 見せあいましょう。

## 「しぜんあそび おすすめカード」には こんな ことを かこう！

何て いう
あそびなの？

どうして
おすすめ
なの？

きみの おすすめの
あそびを おしえてね！

何を
つかうの？

どうやって
あそぶの？

あそんだ
ところを
見たいなぁ！

カードに
まとめてみよう！

ほかにも こんな ことを おしえて！
● むずかしかった ところ
● じょうずに あそぶ コツ
● さわった かんじや 聞こえる 音など、気づいた こと

# 「しぜんあそび おすすめカード」の かきかた

「しぜんあそび おすすめカード」と「ひとことカード」は、この 本の さいごに あります。
先生や おうちの 人に コピーして もらって つかいましょう。

みんなに おすすめしたい あそびの
名前を かきましょう。

あそんで いる ようすや、作った おもちゃ
などを 絵に かきましょう。

デジタルカメラや パソコンで とった
しゃしんを つかっても いいですね。

**しぜんあそび おすすめカード**
7月 11日
名前　1年 1組　木下 なつき
おすすめの あそびは　ゆびが 大きく なっちゃった！　です
自分の ゆびで てじなを して いる
みたいで おもしろかった！
いろいろな コップで
やって みるのが おすすめです。

**もっと！**
こんどは、ゆびの
かわりに スプーンや
フォークでも
やって みたいです。

あそびかたや おすすめし
たい ところ、とくに おも
しろい ところ、かんじた
ことなどを かきましょう。

**しぜんあそび おすすめカード**
1月 26日
名前　2年 3組　小山 だいき
おすすめの あそびは　雪つみゲーム　です
雪が くずれないように つんで いくのが、
ハラハラして 楽しいので おすすめです。
いろいろな 大きさの バケツを
つかいました。

**いいね！**
ぼくは、大きな バケツを
つかって、10 だんまで
チャレンジして
みたいです！
角田 りく

## ひとことカード

自分の かいた「しぜんあそび おすすめカード」に つけたしたい
ことを はりつけたり、友だちの「しぜんあそび おすすめカード」を
よんで、つたえたい ことを かいて わたしたり しましょう。
もっと！…もっと 楽しい あそびに するための アイデアや、
　　　　　ふしぎに 思った ことなど。
いいね！…友だちの「しぜんあそび おすすめカード」を よんだ
　　　　　かんそうや、しつもんなど。

# そざいと あそびの さくいん

このシリーズで しょうかいした あそびと、それに つかった そざいを、あいうえおじゅんに ならべて います。

**監修　露木和男**（つゆき　かずお）

福岡県生まれ。筑波大学附属小学校教諭を経て、2009〜2020年の11年間、早稲田大学教育・総合科学学術院教授。現在は「早稲田こどもフィールドサイエンス教室」指導統括をしている。主著に『小学校理科 授業の思想―授業者としての生き方を求めて』（不昧堂出版）、『「やさしさ」の教育―センス・オブ・ワンダーを子どもたちに―』（東洋館出版社）などがある。

**あそびプラン考案**　　岩立直子（くりの木倶楽部）

| | |
|---|---|
| **写真** | キッチンミノル |
| **モデル** | 有限会社クレヨン |
| | （渋谷いる太、鈴木琉生、千北侑和、前島花凪、松本季子、渡辺和歩） |
| **デザイン** | 鷹觜麻衣子 |
| **キャラクターイラスト** | ヒダカマコト |
| **イラスト** | 藤本たみこ、ゼリービーンズ |
| **DTP** | 有限会社ゼスト |
| **校正** | 夢の本棚社 |
| **編集** | 株式会社スリーシーズン（土屋まり子、奈田和子） |
| **撮影・写真協力** | 葛飾区観光フィルムコミッション、みらい館大明、湯沢高原スキー場、ピクスタ |

## 3つのステップですぐできる！　草花あそび・しぜんあそび 6
# 水やこおりや雪であそぼう

| | |
|---|---|
| **発行** | 2023年4月　第1刷 |
| **監修** | 露木和男 |
| **写真** | キッチンミノル |
| **発行者** | 千葉　均 |
| **編集** | 片岡陽子、湧川依央理 |
| **発行所** | 株式会社ポプラ社 |
| | 〒102-8519　東京都千代田区麹町4-2-6 |
| | ホームページ　www.poplar.co.jp（ポプラ社） |
| | kodomottolab.poplar.co.jp（こどもっとラボ） |
| **印刷・製本** | 図書印刷株式会社 |

あそびをもっと、
まなびをもっと。
こどもっとラボ

ISBN 978-4-591-17624-5　N.D.C.786　31p　27cm　　　　© POPLAR Publishing Co., Ltd. 2023　Printed in Japan

3つのステップで
すぐできる！

# 草花あそび・
# しぜんあそび

全**7**巻

監修●露木和男　写真●キッチンミノル

小学校低学年向き
N.D.C.786　AB判　オールカラー

図書館用特別堅牢製本図書

# しぜんあそび おすすめカードと ひとことカード

右の しぜんあそび おすすめカードと 下の ひとことカードは、
コピーして つかいます。

A4 サイズの紙に原寸でコピーしてください。モノクロでもコピーできます。

つかいかたは
28〜29ページを
見てね

## ひとことカード

太い 線で 切りとって つかいましょう。

いいね！

もっと！

じゆうに
つかってね

ポプラ社のホームページから、しぜんあそび おすすめカードとひとことカードの PDF データをダウンロードすることもできます。 3つのステップですぐできる！草花あそび・しぜんあそび で検索、もしくは以下の URL から、このシリーズの書誌ページをご確認ください。

www.poplar.co.jp/book/search/result/archive/7235.00.html